Inhaltsverzeichnis

1 Konzept

Grundlagen

Der Lehrplan 21 verlangt, dass der Fachbereich Bewegung und Sport im Verlauf der obligatorischen Schulzeit 15 Kompetenzen aufbaut und vertieft.*
Dieses Unterrichtsvorhaben für die 4. Klasse ist Teil eines Konzeptes, das vom dritten bis zum sechsten Schuljahr (Zyklus 2) je zehn thematische Einheiten vorschlägt. Ihre fachgerechte Umsetzung soll zu einer umfassenden Entwicklung der im Lehrplan genannten Kompetenzen führen.

Kompetenz

«Die Schülerinnen und Schüler können Grundbewegungen wie Balancieren, Rollen-Drehen, Schaukeln-Schwingen, Springen, Stützen und Klettern verantwortungsbewusst ausführen. Sie kennen Qualitätsmerkmale und können einander helfen und sichern» (D-EDK 2016, 15).

In den Themenaspekten *Balancieren* und *Helfen, Sichern und Kooperieren* sind für den Zyklus 2 folgende Kompetenzstufen festgelegt:

Die Schülerinnen und Schüler können ...
- auf Geräten unter erschwerten Bedingungen balancieren (z.B. schmaler, labiler, höher, mit Zusatzaufgabe);
- auf labilen Geräten wie Stelzen, Wippe, Balancebrett oder Pedalo balancieren;
- eine Bewegungsfolge zum Balancieren ausführen;
- Geräte benennen, korrekt transportieren und nach Plan aufbauen;
- sich bei Bewegungsaufgaben helfen und sichern;
- Hilfsgriffe und Sicherheitsmassnahmen situationsgerecht anwenden.

Anwendungssituation

Das Unterrichtsvorhaben bereitet die Aufgabe «Zirkusnummer zum Balancieren»** vor. Die Schülerinnen und Schüler zeigen bei diesem Test, dass sie bestimmte im Lehrplan 21 aufgeführte Kompetenzstufen erarbeitet haben.

Vierergruppen präsentieren am Ende des Unterrichtsvorhabens an einer Gleichgewichtsstation eine *Zirkusvorführung*. Diese verlangt Teamwork und ermöglicht selbstbestimmte Formen von Kooperation (siehe S.16 f.).

Ziele des Unterrichtsvorhabens

Fähigkeiten und Fertigkeiten

Die Schülerinnen und Schüler können ...
- auf schmalen Unterlagen auf verschiedene Arten balancieren (z.B. mit Drehung, mit geschlossenen Augen, seitwärts, rückwärts);
- sich auf herausfordernden, labilen und fahrenden Geräten im Gleichgewicht halten;
- nach einem Sprung das Gleichgewicht auf der Langbankkante und der Reckstange finden;
- Bewegungen verbinden und ausdrucksstark gestalten;
- mit Partnerinnen und Partnern effektiv zusammenarbeiten.

* D-EDK 2016, 8–30
** BASPO 2016

Kenntnisse

Die Schülerinnen und Schüler ...
- kennen Qualitätsmerkmale des Balancierens (aufrechte Körperhaltung, muskuläre Grundspannung, nach vorne gerichteter Blick);
- wissen, dass ein gut ausgebildeter Gleichgewichtssinn für alle sportlichen Tätigkeiten und sicheres Bewegen im Alltag wichtig ist (Unfallprävention).

Einstellungen und Haltungen

Die Schülerinnen und Schüler ...
- lassen sich auf herausfordernde Bewegungsaufgaben ein und bearbeiten sie, indem sie die Schwierigkeit der Aufgaben erkennen und ihr Leistungsvermögen realistisch einschätzen;
- sind gewillt, Bewegungsabläufe qualitativ zu verbessern;
- gehen achtsam miteinander um, setzen sich füreinander ein und akzeptieren vorhandene motorische Leistungsunterschiede.

Pädagogische Perspektiven

Leistung	Miteinander	Ausdruck	Eindruck	Wagnis	Gesundheit
X	X	X	X	X	

Akzentuierte Pädagogische Perspektiven gemäss Lehrplan 21.

Zu Beginn des Unterrichtsvorhabens dominiert die Perspektive *Eindruck*. Die Schülerinnen und Schüler vertiefen ihre Balanciererfahrungen und erlangen dabei Sicherheit und Vertrauen.

Mit zunehmendem Schwierigkeitsgrad der Aufgaben, zum Beispiel Balancieren auf labilen Unterlagen oder fahrenden Geräten, gewinnen die Aspekte *Wagnis* und *Leistung* an Bedeutung. Um die Herausforderungen zu bewältigen, ist Mut, Risikobereitschaft, aber auch Übung nötig. Die Schülerinnen und Schüler wägen ab, ob sie bei bestimmten Lernaufgaben eine Geräte- oder Partnerhilfe möchten. Allenfalls entscheiden sie sich für ausserschulische Übungssequenzen, wenn sie etwas wirklich beherrschen wollen (z.B. Einrad- oder Waveboard-Fahren).

Bei der Vorbereitung und Präsentation der Anwendungssituation stehen die Perspektiven *Miteinander* und *Ausdruck* im Vordergrund. Die Gruppenmitglieder gestalten eine «Zirkusnummer» und führen diese dem Publikum ausdrucksstark vor.

Für die Lektionsgestaltung ist es wichtig, die physische Bewegungsintensität zu beachten (Perspektive *Leistung*), denn die Belastung des Herz-/ Kreislaufsystems ist beim Balancieren gering.

Sachanalyse

Balancieren beziehungsweise das Gleichgewicht suchen, halten oder wieder erlangen ist im Alltag und in vielen Sportarten wichtig.

Die Schwerkraft bewirkt, dass Bewegungshandlungen ständig feinmotorische Anpassungen erfordern. Dabei arbeiten verschiedene Systeme eng zusammen und ergänzen sich. Das vestibuläre System im Innenohr informiert über die Position und die Bewegung des Körpers im Raum; ebenfalls im Ohr befindet sich ein Drehsinnesorgan, das auf Geschwindigkeitsveränderungen reagiert; auch das Auge trägt wesentlich zur Gleichgewichtsregulierung bei; kinästhetische Analysatoren in den Muskelspindeln, Sehnen, Bändern und Gelenken geben Auskunft über Spannungs- und Gelenkveränderungen während der Bewegung; die auf der Körperoberfläche verteilten taktilen Analysatoren geben Informationen zu Berührtem.

Wer Gleichgewichtsaufgaben ausführt, befindet sich in einem ständigen Wechselspiel von Wahrnehmen, Einschätzen, Planen, Entscheiden, Reagieren, Beurteilen und Handeln.* Herausfordernde Balanciergelegenheiten sollen diese Fähigkeiten entwickeln und trainieren. Dabei spielen auch psychische Aspekte eine bedeutende Rolle, zum Beispiel Vertrauen in das eigene Können, Angst, Übermut, Konzentration und Geduld, wenn sich nicht sogleich die erhofften Fortschritte ergeben. Wer gezielt beobachtet, erkennt dies deutlich.

Gleichgewicht gehört zur Gruppe der koordinativen Fähigkeiten (Orientierungs-, Differenzierungs-, Rhythmisierungs-, Reaktionsfähigkeit) und ermöglicht es, die Balance auch in anspruchsvollen Situationen zu halten oder wiederzuerlangen.**

Biomechanisch können drei Formen des Gleichgewichts unterschieden werden:***
Das *statische Gleichgewicht* beschreibt die Fähigkeit, den gesamten Körper in «ruhender» Position in Balance zu halten (z.B. auf einem Bein stehen, Handstand). Das *dynamische Gleichgewicht* zielt auf die Fähigkeit, den Körper während oder nach Bewegungshandlungen in Balance zu halten (z.B. Fahrrad fahren, nach einem Sprung landen). *Objektgleichgewicht* bedeutet, einen fremden Körper oder Gegenstand im Gleichgewicht zu halten (z.B. eine Pfauenfeder auf der Fingerkuppe balancieren).

Vestibulär-kinästhetische Herausforderungen sind für das Bewegungsvermögen, die Haltung und die kognitiv-emotionale Entwicklung bedeutsam.

Das Gleichgewichtsvermögen trägt wesentlich bei zur motorischen Leistung im Sport oder in herausfordernden Alltagssituationen. Durch regelmässige Beanspruchung steigert sich das Leistungsniveau. Es konnte nachgewiesen werden, dass Kinder mit guten Gleichgewichtsleistungen über die gesamte Schulzeit deutlich bessere Leistungen in Mathematik und Deutsch zeigen als Kinder mit unsicherem Gleichgewicht.****

4. Klässler befassen sich gerne mit Balancieraufgaben. Sie sind im besten Alter, ihr Gleichgewichtsvermögen weiterzuentwickeln. *Bewegungs-Hausaufgaben zum Balancieren oder das Benützen von Balanciergeräten während den Pausen oder in der Freizeit führen zu erstaunlichen Ergebnissen* mit nachhaltiger Wirkung. Bei unzureichender Beanspruchung dagegen verkümmert der Gleichgewichtssinn.

* Ernst u. Bucher 1997
** Hegner 2006, 254
*** Röthig 1977, 120
**** Hessisches Kultusministerium 2010, 4–7

Balancieraufgaben sind auch im Schulzimmer zur Rhythmisierung der Arbeit sinnvoll. Die Aufmerksamkeit auf den Körper fördert die Konzentration und trägt zu einer leistungsbereiten Stimmung bei. Die Bewegungssequenzen sind physiologisch wertvoll, weil sie das Bewegungssystem stimulieren, Spannungsverhältnisse in der Muskulatur ändern und körperliche Steuerungssysteme wie das Hormonsystem aktivieren.*

Im Sportunterricht helfen folgende Überlegungen, die Aufgabenstellung dem Bewegungskönnen einer Schülerin oder eines Schülers anzupassen:
- die Unterstützungsfläche verbreitern oder reduzieren;
- die Unterstützungsfläche stabiler oder labiler machen;
- die Höhe der Unterstützungsfläche reduzieren oder steigern;
- die Balancieraufgabe erleichtern (z.B. Stäbe zum Abstützen, Wand oder ausgestreckte Arme einer Hilfsperson als Gleichgewichtshilfe) oder erschweren (z.B. rückwärts oder seitwärts gehen, eine Drehung oder einen Sprung einbauen, die Arme verschränken);
- das Balancieren mit einer andern Aufgabe kombinieren (z.B. einen Ball prellen, Tücher jonglieren, einen gefangenen Ball zurückspielen);
- die Gleichgewichtsregulierung durch Körperdrehungen vor Übungsbeginn oder Schliessen der Augen während des Balancierens zusätzlich herausfordern.

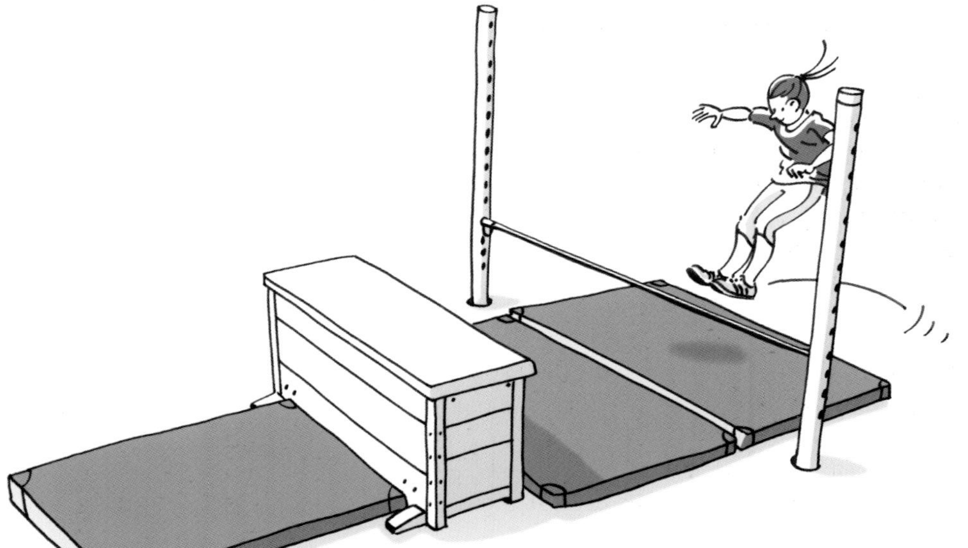

* Baviera 2001

2 Bausteine für den Lektionsbeginn

Halboffener Beginn

Stäbe

Im Voraus werden Paare gebildet, die folgenden Auftrag erhalten: Sobald ihr in die Halle kommt, nehmt ihr einen Stab und löst gemeinsam Aufgaben des aufgehängten Blattes (siehe S. 20/21). Verweilt solange bei einer Aufgabe, bis ihr sie könnt.*

Damit Schülerinnen und Schüler aktiv werden und lernen, schaffen Lehrende attraktive Lernumgebungen, stellen Unterlagen bereit, ermöglichen emotionale Zugänge, wirken als Vorbild, stimulieren und regen an.

Hinweis: Indem die Paare diese Lernaufgabe mehrmals durchführen, stellen sich Fortschritte ein. Das Setting ermöglicht im Sinne des selbstgesteuerten Lernens Selbsttätigkeit. Durch Reflexion setzen sich die Beteiligten mit ihren Lerngewohnheiten und -bedürfnissen auseinander: Was hast du heute gelernt? Bist du mit deiner Leistung zufrieden, warum? Wie hast du es geschafft, eine Übung besser zu können? Was machst du, wenn etwas nicht sofort gelingt? Welche Übung möchtest du noch besser beherrschen? Wie kannst du deine Partnerin oder deinen Partner beim Lernen unterstützen?

Fünferlei

Im Schulzimmer werden Paare gebildet, die folgenden Auftrag erhalten: Löst gemeinsam das aufgehängte Fünferlei (siehe S. 25), sobald ihr in die Halle kommt.

- Lauft zwei Runden.
- Kreishüpfen: Stellt euch voreinander, hebt das rechte Bein eures Partners an die Hüfte und hüpft zusammen einmal auf dem linken Bein im Kreis herum.
- Lauft zwei Runden.
- Kreishüpfen: Haltet das linke Bein des Partners und hüpft eine Runde im Kreis auf dem rechten Bein.
- Lauft zwei Runden, stellt euch dann auf den Mittelkreis und macht dort Balance-Übungen auf einem Bein.

Geführter Beginn

Musikstopp – herausfordernde Partneraufgabe

Alle laufen zu Musik (160 bis 170 Schläge pro Minute) durch die Halle. Wenn sie stoppt, stehen zwei Kinder zusammen und lösen die von der Lehrperson gestellte Aufgabe, für die es verschiedene Lösungen gibt. Welches Paar findet die originellste, anspruchsvollste oder für Beobachtende attraktivste Lösung?**

Musikvorschlag: Tell him. Ally Mc Beal.

Ausführungshinweise

Nur die von der Lehrperson genannten Körperteile dürfen den Boden berühren. Die Paare müssen in irgendeiner Weise verbunden sein (z.B. eine Hand gegen die Schulter der Partnerin oder des Partners legen, Handfassung).

Aufträge der Lehrperson

- Zwei Füsse (siehe Zeichnung).
- Vier Füsse und zwei Hände (siehe Zeichnung).
- Zwei Füsse und eine Hand.
- Ein Fuss und zwei Hände.
- Ein Fuss und eine Hand.
- Zwei Füsse und vier Hände.
- Zwei Füsse und zwei Hände.
- Vier Hände (Lösungsvorschlag: Beide Partner setzen sich einander gegenüber auf den Boden. Danach legen sie einander gegenseitig die Füsse auf die Schultern und heben durch Stützen der Arme ihr Gesäss vom Boden).

* Kretschmer et al. 2009, 86–88 ** Müller u. Baumberger 2013, 58

Langbank-Fangen

Drei bis vier Fänger erhalten je einen Softball. Im Spielfeld sind vier Langbänke mit der Breitseite nach unten verteilt (Grund- und Dreimeterlinien des Volleyballfeldes). Wer auf einer Langbank steht, kann nicht gefangen werden. Rettet sich an diesem Ort ein drittes Kind ebenfalls, so muss das erste Kind die Langbank verlassen. Wer vom Ball berührt wird, übernimmt die Fängerrolle. Regel: Niemand darf über die Langbänke springen.

Die Schülerinnen und Schüler können Körperspannung aufbauen, ihren Körper stützen und die Gelenke in funktionellem Umfang bewegen.*

Dehnen, Mobilisieren: Alle verteilen sich gleichmässig auf den Schmalseiten der vier Langbänke. Den Rumpf bei gestreckten Kniegelenken langsam vorwärts beugen und in der Beugehaltung zwei Sekunden ohne wippen verharren. Wer mit den Fingerspitzen die Standfläche erreicht, verfügt über eine gute Rumpfbeweglichkeit.

Kooperieren: Vier Gruppen stehen je auf einer Langbankkante. Nun müssen sie sich nach gewissen Kriterien neu ordnen, ohne die Langbank zu verlassen: z.B. der Grösse oder dem Alter nach, entsprechend der Haarlänge oder -farbe.

Mattenfeld

Je zwei Personen legen eine Matte auf den Hallenboden und laufen dann um die Matten, bis ein Auftrag erfolgt:

- Ohne Hilfe der Hände mit dem Rücken eine Matte berühren und weiterlaufen.
- Mit jedem Ellbogen je eine Matte berühren und weiterlaufen.
- Auf einer Matte fünfmal auf dem Rücken schaukeln; aufstehen ohne Hilfe der Hände und weiterlaufen. Hinweis: Vorzeigen.
- Auf einer Matte zwei Rollen um die Körper-Längsachse ausführen.
- Bei zwei Matten eine Rolle vorwärts turnen.
- Sich zu zweit bei einer Matte einen Hahnenkampf liefern: Wem gelingt es, mit verschränkten Armen auf einem Bein hüpfend den Partner oder die Partnerin von der Matte zu bugsieren?

Stützkreisel

Liegestützstellung. Die Handflächen werden so aufgestützt, dass die Mittelfinger nach vorne zeigen; die Arme sind möglichst lang (Schultern breit, Ellbogenfalte nach vorne) und die Wirbelsäule wird weder gekrümmt, noch hängt sie durch. Damit dies gelingt, muss die Rumpfmuskulatur aktiviert sein. Nun wird in dieser Position mit Hilfe der Hände eine 360°-Drehung ausgeführt, die Fussspitzen drehen auf der Stelle mit. Nach der Drehung die Hände ausschütteln und die Übung in die andere Richtung wiederholen. Zweiter Durchgang.**

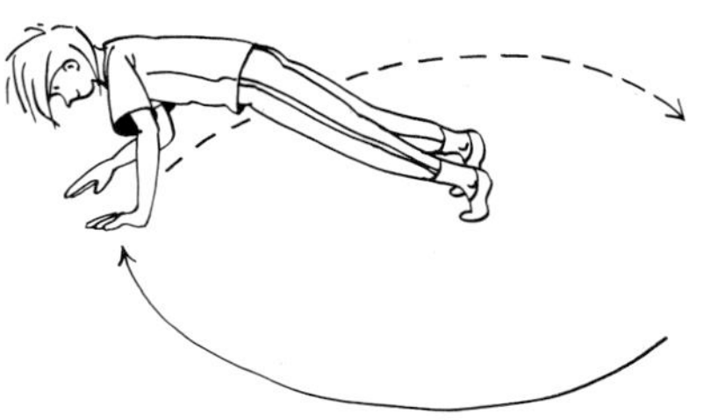

Bewegungsmerkmale: Keine Pause während des Stützkreisels; die Wirbelsäule bleibt gerade; der Blick ist vor die Hände gerichtet, damit der Nacken lang bleibt.

Aufbauform: In der einfachen Variante sind die Knie während der Drehung wenige Zentimeter vom Boden entfernt.

Sitzkreisel

Wer kann sich aus dem Langsitz so in Schwung bringen, dass er sich auf dem Gesäss mit angezogenen Beinen wie ein Kreisel dreht? Wem gelingen wie viele Drehungen? Wer kann exakt nach z.B. eineinhalb Drehungen anhalten? Nach jedem Versuch die Drehrichtung ändern.***

* D-EDK 2016, 18
** BASPO 2016
*** Müller u. Baumberger 2009, 57

3 Hauptteil

Anknüpfen an Bekanntes – Langbankkante traversieren

Hinter vier umgedrehten Langbänken stellt sich je eine Gruppe auf und löst die nachfolgenden Aufgaben. Wer die Langbankkante verlässt, umläuft den Malstab, springt durch die Reifenbahn, vollführt auf der Matte aus der Standwaage eine Rolle vorwärts und eilt entlang der Hallenwand zurück zum Ausgangspunkt.

- Vorwärts, rückwärts, seitwärts über die Langbankkante gehen. Geht es besser in aufrechter oder gebückter Körperhaltung? Mit Blick unmittelbar vor die Füsse oder eher geradeaus? Mit am Körper anliegenden oder seitwärts ausgestreckten Armen? Mit oder ohne Muskelspannung im Rumpf?
- In der Langbankmitte mit beiden Händen die Langbank berühren.
- In der Mitte der Langbank eine ganze Körperdrehung ausführen oder eine halbe Drehung machen und die Reststrecke rückwärts bewältigen. Welche Tipps finden die Schülerinnen und Schüler, damit die Drehbewegung besser gelingt?
- In der Langbankmitte einen Sprung ausführen. Welche Sprungformen ergeben sich? Die Lehrperson animiert die Schülerinnen und Schüler, bei andern beobachtete Sprungformen auszuprobieren.

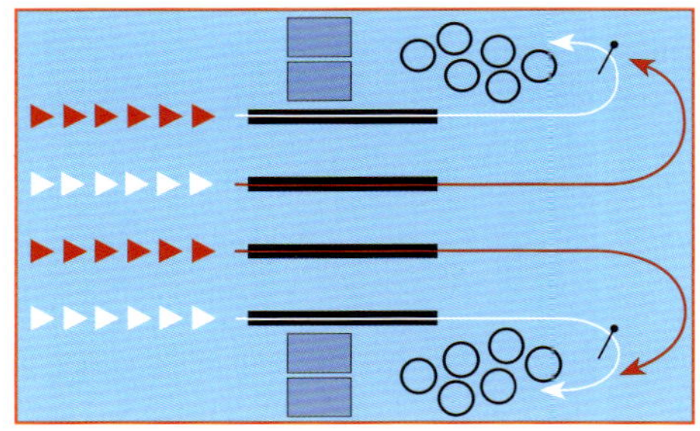

Gleichgewichtsstellungen zu zweit

Die Paare nehmen bei einer Matte verschiedene Stellungen ein, die das Gleichgewichtsgefühl und das Vertrauen in die Partnerin oder den Partner herausfordern. Die Skizzen der Vorlage (siehe S. 22/23) dienen als Anregung, die Schülerinnen und Schüler sollen aber auch eigene Stellungen finden.

- Sicher wirkende Posen in guter Körperhaltung greift die Lehrperson auf, erläutert sie und die übrigen Paare machen sie nach.

Das Thema Partnerakrobatik wird in der 6. K asse vertieft bearbeitet.

Balance-Challenge 1*

Vierergruppen erhalten einen Kopierstreifen einer der sechs Stationen und den Auftrag, diese am vereinbarten Ort aufzustellen und auszuprobieren. Als Lehrperson sicherstellen, dass die Aufgaben verstanden wurden, vor allem bei Station 3. Vor dem ersten Wechsel nach etwa drei Minuten Übungszeit zeigt und erklärt die Gruppe von Station 3 die Testübung. Die Kopierstreifen werden für die nachfolgenden Gruppen am Posten belassen.

- In einer nachfolgenden Lektion stellen die gleichen Gruppen die gleiche Station auf und üben an ihr. Anschliessend können die Posten frei benutzt werden.
- Evtl. als Lehrperson die Ergebnisse des Drehtests sammeln.

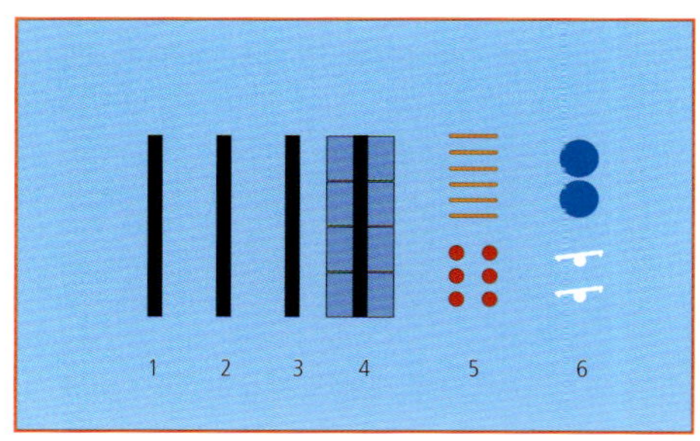

1. Station: *Duelle*

Zu zweit: Stellt euch einander gegenüber, indem ihr auf einem Bein auf der Schmalseite der Langbank steht. Berührt einander mit dem Schwungbein und versucht euch aus dem Gleichgewicht zu bringen.

- Steht einander Schulter an Schulter auf der Schwebekante gegenüber und drückt euch gegenseitig von der Bank.
- Steht einander gegenüber und haltet die Handflächen gegeneinander. Wer kann seinen Partner durch Stossbewegungen zum Verlassen der Bank bringen?
- Steht euch gegenüber, reicht einander eine Hand und versucht den Partner durch Ziehen und Stossen von der Langbankkante zu befördern.

Material 1. Station «Duelle»: eine Langbank.

* Stationen 2 und 4: Sobota u. Hollauf 2016
Station 3: BASPO 2016

Malstab / Schüler/-in ▶ Langbank Laufweg → Matte Reifen ○ Stab Medizinbälle ● Gym-Bälle ● Balancebrett

2. Station: *Blindengrat*

Blindengrat vorwärts: Steig mit einem Stirnband, das deine Augen verdeckt auf die umgedrehte Langbank. Balanciere entlang der Langbankkante bis an deren Ende.
- Erkunde, wie du die Füsse am besten aufsetzst.
- Schaffst du es mit verschränkten Armen?
- Wagst du unterwegs einen sanften Sprung?

Blindengrat rückwärts: Steig mit einem Stirnband, das deine Augen verdeckt auf die umgedrehte Langbank. Balanciere rückwärts entlang der Langbankkante bis an deren Ende.

Blindengrat-Drehung: Steig mit einem Stirnband, das deine Augen verdeckt auf die umgedrehte Langbank. Balanciere entlang der Langbankkante und dreh dich unterwegs einmal im Kreis um die Körperachse.
- Geh mit der blickdichten Augenbinde seitwärts entlang der Langbankkante.
- Geh mit der blickdichten Augenbinde seitwärts entlang der Langbankkante und mach in der Mitte eine halbe Drehung bevor du weitergehst.

Material 2. Station «Blindengrat»: eine Langbank, etwa vier Stirnbänder oder Blindenbrillen.

3. Station: *Drehtest*

Zu zweit. Macht diese Übung ohne Schuhe. Jemand stellt sich auf die Langbankkante und dreht sich innerhalb von 20 Sekunden möglichst oft auf einem Bein auf die gleiche Seite. Die Partnerin oder der Partner stoppt die Zeit. Regeln: Eine Drehung gilt als abgeschlossen, wenn die Ausgangsstellung wieder erreicht ist. Wer die Bank mit einem Fuss verlässt, muss die Drehung abbrechen und in der Ausgangsstellung neu beginnen. Der ganze Versuch ist ungültig, wenn die Bank mit beiden Füssen verlassen wird oder ein Fuss mehr als zweimal den Boden berührt.

Beachtet: Absolviert den Test stets auf dem linken und rechten Bein, bevor ihr die Rollen tauscht.

Wertung: acht Drehungen = sehr gut; sechs Drehungen = gut; vier Drehungen = genügend.

Material 3. Station «Drehtest»: eine Langbank, zwei Stoppuhren.

4. Station: *Drehsprünge*

Drehsprung 1: Unter der umgedrehten Langbank liegen Matten zur Verminderung der Rutschgefahr. Stell dich etwa 50 Zentimeter vor die Bank (Oberkörper parallel, mit dem Gesicht zur Bank), spring mit einer halben Drehung auf die Langbank und such das Gleichgewicht. Spring nun wechselweise eine halbe Drehung nach links und eine halbe Drehung nach rechts, ohne dass du dabei von der Bank steigen musst. Zum Abschluss springst du mit einer ganzen Drehung um die Körperlängsachse von der Langbank auf den Boden zurück. Übe, bis du den ganzen Bewegungsablauf rhythmisch ausführen kannst.

Erleichterung: Absprung von einem Kastendeckel.

Drehsprung 2: Die Übende A steht etwa 50 Zentimeter vor der umgedrehrten Langbank (Oberkörper parallel, mit dem Rücken zur Bank), Partner B etwa zwei Meter hinter der Bank mit einem Medizinball. A hat die Aufgabe, mit einer halben Drehung auf die Langbank aufzuspringen und den zugeworfenen Ball von B beidhändig zu fangen und zurückzuspielen, ohne dabei von der Bank steigen zu müssen. Das sorgfältige Zuspiel durch B erfolgt mit der Landung auf der Langbank auf die Brust von A. Wechselt die Rollen jeweils nach zwei Drehsprüngen nach links und zwei Drehsprüngen nach rechts.

Material 4. Station «Drehsprünge»: eine Langbank, vier Matten, zwei Medizinbälle, evtl. ein Kastendeckel.

5. Station: *Medizinball-Gehen*

Nimm zwei Stäbe als Gleichgewichtshilfe. Steig mit je einem Fuss auf einen Medizinball und versuch mithilfe der Stäbe vorwärts zu gehen. Schaffst du eine halbe Hallenbreite?
- Versuch mithilfe nur eines Stabes auf den Bällen voranzukommen.
- Leg den Medizinball zwischen kleine Matten und beweg dich auf ihm stehend vorwärts. Benütze allenfalls den Stab als Hilfsgerät.
- Versuch mit Hilfestellung deines Partners oder deiner Partnerin auf nur einem Ball zu gehen.

Material 5. Station «Medizinball-Gehen»: acht Medizinbälle, acht Stäbe oder Stöcke.

6. Station: *Balancegeräte*

Probiert die vorhandenen Geräte aus. Helft und unterstützt einander bei Bedarf, damit es einfacher wird und besser gelingt.

Material 6. Station «Balancegeräte»: z.B. Balancebrett, Gymball, Kreisel, Wippbrett, Pedasan Lauftrommel, Moonhopper.

Balance-Challenge 2*
Vierergruppen erhalten den Auftrag, den zugeteilten Posten am vereinbarten Ort einzurichten und auszuprobieren. Bei ausreichend Material können weniger unterschiedliche Posten betrieben und die ausgewählten Posten doppelt aufgestellt werden. Die Schülerinnen und Schüler üben in einem organisierten oder freien Betrieb ihr Gleichgewichtsvermögen und helfen oder sichern sich gegenseitig.

Nachdem während zwei Lektionen an diesen Stationen geübt wurde, erfolgt der Auftrag zur Gestaltung einer «Zirkusnummer zum Balancieren». Damit möglichst alle die Vorführung an ihrem Wunschgerät vorbereiten können, werden neue Gruppen gebildet.

1. Station: *Wippe*

2. Station: *Schwankende Rampe*

3. Station: *Rollsteg*

4. Station: *Unterwegs – aber wie!*

5. Station: *Reck*

6. Station: *Slack-Board*

* Stationen 1 bis 5: Müller u. Baumberger 2013
Station 6: Sobota u. Hollauf 2016; Slack-Board siehe www.blackbirdfun.com oder www.huspo.ch > Slackline-Rack

Wippe

Überquer die Wippe auf verschiedene Arten.

Ideen:
Schaffst du es mit geschlossenen Augen? Schaffst du es rückwärts?

Material: eine Langbank, ein Kasten-Oberteil (evtl. Sprungbrett), zwei Matten, einige Bälle.
(Variante: Matte quer im umgedrehten Bock, darauf umgelegte Langbank.)

Erleichterung: Gib jemandem eine Hand.
Erschwerungen: Prell während der Überquerung einen Ball.
Erfinde eigene Beispiele, wie du Bälle bei der Überquerung der Langbank einsetzen kannst.

Schwankende Rampe

Halte mit den Armen einen Ball über dem Kopf hoch und steig die schwankende Rampe hinauf und nach einer Kniebeuge rückwärts hinunter.

Material: eine Langbank, ein Ringpaar, ein Weichboden, ein Ball.
(Varianten: Langbank mithilfe von Seilchen und Gymnastikstäben befestigen oder in zwei verknotete Taue einhängen)

Erleichterungen: Mach die Übung ohne Ball.
Bitte eine Mitschülerin oder einen Mitschüler, die Langbank festzuhalten.
Varianten ohne Ball: Spring nach dem Hochsteigen hinuter auf den Weichboden.
Steig die Langbank rückwärts hoch.
Steig die Langbank mit geschlossenen Augen hoch und versuch «blind» hinunterzuspringen.
Gelingen dir die Kunststücke auch dann, wenn die schmale Seite der Langbank oben ist?

Rollsteg

Steig aus dem Gehen auf die Langbankkante und bleib im Gleichgewicht. Berühr mit den Händen die Langbank und richte dich wieder auf. Schaffst du das auch mit geschlossenen Augen?

Material: eine Langbank, Gymnastikstäbe, zwei Matten.

Erschwerungen: Dreh dich auf einem Fuss um die Körperachse. Gelingt die Pirouette auch auf dem andern Bein?
Vergrössere die Distanz der beiden Matten, damit der Rollsteg herausfordernder wird.
Stell dich einbeinig auf den Rollsteg und prell einen Ball. Wechsle die Prellhand, wenn du zehnmal fehlerfrei geprellt hast.

Unterwegs – aber wie?

Such nach Möglichkeiten, wie du dich im zugeteilten Hallenteil auf den verschiedenen Geräten fortbewegen kannst.

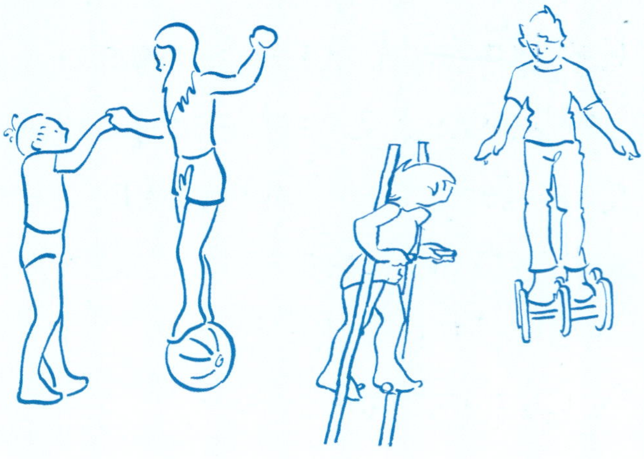

Material: z.B. Medizinbälle, Stelzen, Einrad, Pedalo, Skateboard, Flizzi (Gleitrollbrett mit schwenkbaren Rollen), Waveboard.

Erleichterungen: Vielleicht geht es besser, wenn du dich auf den Knien, im Sitzen, entlang einer Wand oder mithilfe einer Partnerin oder eines Partners fortbewegst.

Reck

Geh auf der Reckstange von einem Pfosten zum andern. Schaffst du das?

Material: ein Reck (Stange im untersten Loch befestigt), evtl. Malstäbe, evtl. zwei Matten unter dem Reck.

Erleichterung: Stell neben die Stange Malstäbe, damit du dich bei Bedarf abstützen kannst.

Erschwerungen: Balanciere seitwärts oder rückwärts über die Stange.
Halte unterwegs an und versuch möglichst lang im Gleichgewicht zu bleiben.
Spring aus dem Stand oder mit Anlauf auf die Reckstange und halte das Gleichgewicht, bevor du hinunterspringst.

Slack-Board

Geh mithilfe eines Partners (oder des Seils, vgl. Erleichterung) vom einen Ende der Line zum andern. Achte darauf, dass du aufrecht und im Rumpf stabil bleibst. Schau geradeaus.

Material: ein Slack-Board oder ein Slackline-Rack, ein Seil.

Erleichterung: Stell das Slack-Board mit etwa drei Meter Entfernung parallel zur Sprossenwand auf. Befestige auf Schulterhöhe an einer Sprosse ein Seil, sodass sich die Befestigung seitlich neben dem Line-Aufstieg befindet. Halte beim Aufstieg auf die Line das Seil leicht gespannt und lass es bei der Überquerung durch die Hand gleiten.

Erschwerungen: www.clipcoach.at > Bewegungskompetenzen der 10–14 Jährigen > Gewandtheit > Balancieren > Slackline vermittelt weitere Ideen.

4 Anwendungssituation

Zirkusnummer zum Balancieren

Nachdem die Schülerinnen und Schüler an den verschiedenen Gleichgewichtsstationen geübt haben, erhalten sie den Auftrag, an einer Station zu viert eine Zirkusnummer zu gestalten. Diese soll ein bis zwei Minuten dauern und neben verschiedenen Kunststücken mindestens zwei kooperative Gleichgewichtsstellungen enthalten. Für die Präsentation dürfen Hilfsgeräte wie Jongliertücher, Bälle, Keulen, Pedalos usw. benutzt und die Unterstützung anderer Gruppenmitglieder in Anspruch genommen werden.*

Musikempfehlung: Kumbalawe, Cirque du soleil.

Beurteilungskriterien

Im Verlauf der Vorbereitung wird das Beurteilungsblatt besprochen (Kopiervorlage, siehe S. 24).

ungenügend	genügend	gut	sehr gut	**Beurteilungskriterien**
				Ausstrahlung der Artistinnen und Artisten (Mimik, Gestik, Körpersprache)
				Bewegungsfluss und Sicherheit beim Präsentieren
				Choreografie (Auswahl und Schwierigkeit der gezeigten Elemente, Gestaltung im Raum, Originalität, evtl. Musikauswahl)
				Zusammenarbeit (Hilfestellungen bei schwierigen Balancierformen, Wirkung der kooperativen Gleichgewichtsstellungen)
				Gesamtbeurteilung

Abbildung: Beurteilungskriterien «Zirkusnummer zum Balancieren».

* BASPO 2016

Beurteilung der Zusammenarbeit

Zum Abschluss einer Vorbereitungslektion und nach der Präsentation machen sich die Gruppen Gedanken zur Zusammenarbeit (Kopiervorlage, siehe S. 25).

Positiv	1	2	3	4	Negativ
A: Ich fühlte mich wohl in der Gruppe.					Ich fand es unangenehm, in dieser Gruppe zu arbeiten.
B: Wir haben ein sehr gutes Produkt erarbeitet.					Ich bin mit unserem Ergebnis nicht zufrieden.
C: Ich gab mein Bestes für ein gutes Resutat.					Ich strengte mich kaum an.
D: Alle gaben ihr Bestes.					Einige leisteten wenig.
E: Wir nutzten die Arbeitszeit optimal.					Wir sprachen immer wieder über andere Dinge und nutzten die Zeit schlecht.

Abbildung: Beurteilung der Zusammenarbeit.

Hinweise zu den Präsentationen

Damit die Vorführungen weniger Zeit beanspruchen, sind folgende Varianten denkbar:

- Eine Gruppe und die Lehrperson füllen nach der Präsentation ein Beurteilungsblatt aus. Zuvor bespricht die beurteilende Gruppe, wer welches Kriterium speziell beobachtet.
- Zwei Gruppen präsentieren ihre Zirkusnummer gleichzeitig und werden von je einer andern Gruppe beurteilt.
- Die Vorführung von jeder Gruppe wird mit einer Kamera gefilmt. Das Ergebnis wird im Schulzimmer durch eine andere Gruppe visioniert und beurteilt. Die Rückmeldung erfolgt schriftlich und wird mündlich kommentiert. Die entstandenen Film-Clips können zum Beispiel am Elternabend einem erweiterten Zuschauerkreis vorgeführt werden.

5 Lektionsabschlüsse

Steht die Auswertung der Arbeit, die Gemeinschaftsbildung, die Aktivierung des Herz-/Kreislaufsystems oder etwas anderes im Vordergrund?

Reflexion

Tipps zum Balancieren
Die Lehrperson regt das Gespräch an und visualisiert die Ergebnisse: Welche Körperhaltungen erleichtern das Balancieren? Was braucht es, damit Bewegungen ausdrucksstark wirken? Was machst du, wenn eine Übung für dich zu einfach oder zu schwierig ist? Welche Ideen helfen dir, wenn du eine Übung erleichtern oder erschweren willst? Wie erreichst du Fortschritte?

Rückblick auf den Lernprozess.

Wagnis
Die Schülerinnen und Schüler machen sich zu Fragen Gedanken und tauschen sich danach in Gruppen dazu aus: An welchem Posten musstest du dich am meisten überwinden? Wie konntest du deine Hemmungen abbauen? Welche Reaktionen der Partnerin oder des Partners helfen dir, Unsicherheiten abzubauen? Wie erfolgt eine gute Hilfestellung? Was bedenkst du, wenn du eine Risikosituation einschätzst?

Arbeitsverhalten
Die Lehrperson setzt Gesprächsimpulse: Berichtet den andern Gruppenmitgliedern, wie ihr mit eurem Arbeitseinsatz zufrieden seid. Teilt einander mit, was ihr heute gelernt habt und woran ihr üben wollt.

Gemeinschaftsbildung

Sternbalance
Die Klasse steht mit Blick zur Mitte in einem Kreis und nummeriert auf zwei. Nun reichen sich alle die Hände. Auf Kommando lehnen sich die Einer langsam nach vorne und die Zweier zum Ausgleich der Balance nach hinten, bis die Arme gestreckt sind. Auf ein weiteres Kommando ziehen sich alle in den aufrechten Stand zurück. Nun lehnen die Zweier nach vorne und die Einer nach hinten. Gemeinsam wird die Übung perfektioniert, bis sich alle beim Hinein- und Hinauslehnen wohl fühlen. Allenfalls ist es hilfreich, die Spielenden ein wenig umzugruppieren.*

Schiff im Wind
Zwei Gruppen. Jede Gruppe platziert ihren Weichboden auf der Grundlinie des Volleyballfeldes und verteilt darunter zehn Medizin- oder Basketbälle. Die Gruppe kniet um die Weichbodenmatte herum und zwei Personen stellen sich aufrecht darauf. Die Knieenden bewegen den Weichboden mit den Händen unterschiedlich stark. Die auf dem Weichboden stehenden Kinder bestimmen die Intensität des Sturmes (1 = sanft, 5 = heftig).**

- Pharaonentransport: Die Teilnehmenden verschieben den Weichboden mit den darunter liegenden Bällen. Bälle die hinten herausrollen, werden vorne wieder unter den Weichboden gelegt, bis die Ziellinie überschritten ist. Die Pharaonen auf dem Weichboden dürfen dabei nicht umfallen.

* Müller u. Baumberger 2009, 70
** Baumberger u. Müller 2015, 58

Freier Fall
Zwei Gruppen. Vier Personen stehen mit gespanntem Körper hinter einem hochgestellten Weichboden. Sie zählen bis drei und lassen sich dann miteinander vorwärts auf die Matte fallen. Wem gelingt es, die Körperspannung bis am Schluss aufrecht zu erhalten? Welche Gruppe lässt sich auch rückwärts auf die Matte fallen? Wer schafft dies, ohne dabei die Augen zu schliessen?*

Intensive Spielformen

Turnschuh-Hockey
In jeder Hallenhälfte spielen zwei Teams gegeneinander. Alle Spielenden ziehen einen Turnschuh aus, der als Schläger benutzt wird. Der Unihockeyball darf nur mit der Schuhsohle gespielt werden. Ziel des Spiels ist es, den Ball an die gegnerische Langbank zu schiessen. Regeln: Kein Pass und kein Torschuss mit dem Fuss. Spiel ohne Torwart. Der Ball darf einmal mit dem Fuss berührt werden, wenn ihn der gleiche Spieler nachher mit dem Schuh weiterspielt.*
- Langbank-Fussball: Die Tore bestehen aus gekippten Langbänken. Ein Tor ist erzielt, wenn der Ball von der Sitzfläche abprallt.

Matten-Fussball (Matten-Unihockey) 3 gegen 3 (4 gegen 4) plus je 2 Torhüter
In beiden Hallenhälften spielen zwei Teams gegeneinander. Jede Gruppe muss die zwei eigenen Mattentore verteidigen und kann bei den gegnerischen Toren Treffer erzielen. Nach jedem Tor oder nach drei Minuten werden die beiden Torhüter ausgetauscht. Evtl. mit Langbänken (Hütchen) die beiden Felder voneinander abgrenzen**.
- Nach fünf Minuten Spielzeit duellieren sich die beiden Verlierer um den 3./4. und die beiden Sieger um den 1./2. Platz.

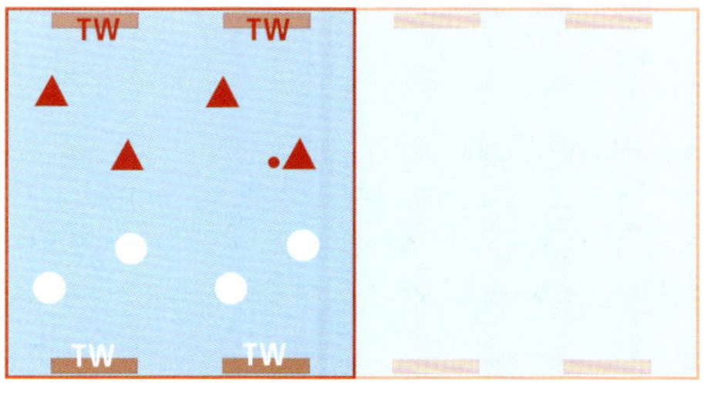

Erlöser-Fangen
Drei bis fünf Fänger mit Spielband. Wer erwischt wird, geht am Boden in eine Stützstellung. Im Spielfeld zirkulieren etwa drei Bälle. Man kann die Gefangenen befreien, indem man einen Ball unter ihrem Körper durchrollt. Wie viele Kinder haben die Fänger nach 45 Sekunden gefangen? Wiederholung mit neuen Fängern.*
- Flamingo-Fangen: Wer gefangen wird, steht auf ein Bein. Erlösen durch Berührung des hochgezogenen Knies.
- Liegestütz-Fangen: Wer gefangen wird, geht in die Liegestütz-Stellung. Erlösen durch Überspringen.
- Eiszapfen-Fangen: Wer gefangen wird, erstarrt zu einem Eiszapfen. Erlösen: Zu zweit mit gefassten Händen einen Kreis um die gefangene Person bilden und «erlöst» rufen.

Tic-tac-toe
Jeweils zwei Dreiergruppen spielen gegeneinander. Jede Dreiergruppe erhält drei Spielbänder einer Farbe. Vom Startpunkt aus läuft das erste Gruppenmitglied mit einem Band los, platziert es in einem der neun Reifen (siehe Zeichnung), läuft zum Ausgangspunkt zurück und startet mit Handschlag die nächste Person, die ihr Spielband hinlegt und die dritte Person startet. Nach deren Rückkehr startet wiederum das erste Gruppenmitglied, jedoch ohne Spielband. Dieses Kind platziert ein hingelegtes Spielband um und startet nach der Rückkehr die nachfolgende Person, bis eine Dreiergruppe drei Spielbänder in einer Reihe, Kolonne oder Diagonale hat.

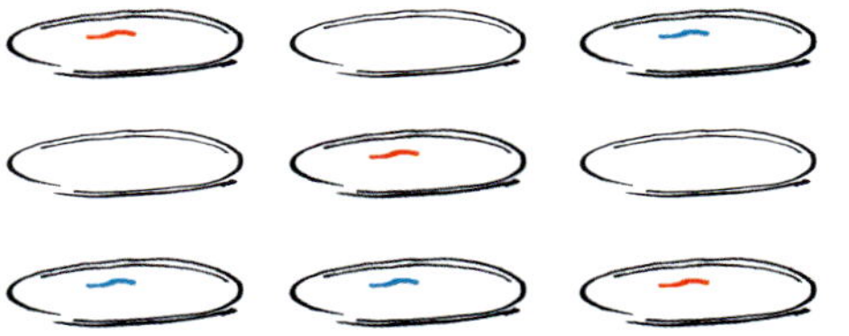

Variante: Statt Reifen Zeitungsblätter auslegen.

* Müller u. Baumberger 2015, 107, 103, 25
** Müller u. Baumberger, 2016, 65

Angriffsspieler/-in ▲ Abwehrspieler/-in ● Torwart TW Spieler/-in mit Ball ▲• Matte ▬

Zu zweit mit Stäben

Drehung

Zu zweit: Dreh dich schwungvoll mit deiner Partnerin oder deinem Partner. Mindestens fünfmal hin und her.

– Streckt den Körper beim Hochführen der Stäbe und stellt euch auf die Fussballen. Führt die Drehung so elegant wie möglich aus.

Reaktion

Zu zweit: Dein Gegenüber lässt den Stab plötzlich los und du fängst ihn, bevor er zu Boden fällt. Halte in der Ausgangsstellung die Hände hinter dem Rücken.

– Erfindet eine eigen Stab-Auffang-Übung.

Balance-Kunst

Zu zweit: Steht einander gegenüber und balanciert euren Stab auf dem Handteller. Könnt ihr dazu langsam auf zehn zählen, ohne dass der Stab zu Boden fällt?

– Gelingt euch das auch mit der andern Hand?
– Könnt ihr euch während des Balancierens spiegelbildlich bewegen?
– Balanciert den Stab auf einem Finger, dem Ellbogen oder dem Fuss.

Donald Duck

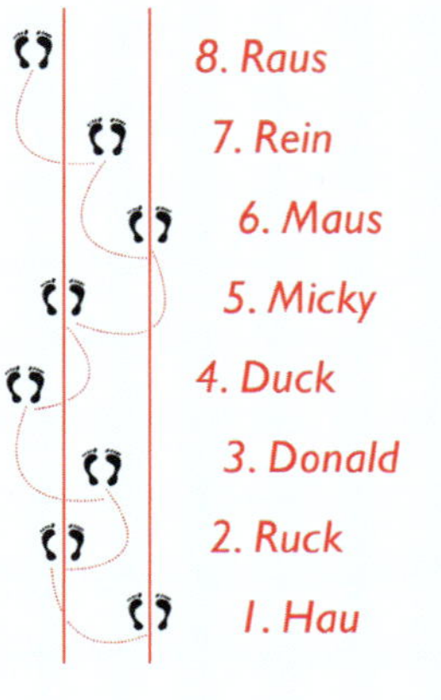

Zu zweit: Legt die Stäbe oder Unihockeystöcke parallel auf den Boden und lernt die abgebildete Sprungfolge.

– Sagt im Springen den Spruch auf.
– Übt, die Folge miteinander im gleichen Rhythmus zu springen.
– Erfindet eine eigene Folge, die ihr miteinander im gleichen Rhythmus springt. Präsentiert sie der Lehrerin oder dem Lehrer, wenn ihr sie gut könnt.

Stabwechsel

Zu zweit: Stellt euch im Abstand von etwa zwei Meter auf und hält den Stab senkrecht zum Boden. Lasst ihn gleichzeitig los und übernehmt denjenigen eures Gegenübers.

- Gelingt es, vor dem Auffangen des Stabes eine Aufgabe zu erfüllen (z.B. zweimal in die Hände klatschen, zwei Hampelmänner springen)?

Ring-Fang

Zu zweit: Wirf dem Partnerkind einen Ring zu, sodass es ihn auffangen kann. Wechselt nach fünf Fängen die Rollen.

- Übergib vor dem Auffangen des Ringes den Stab hinter dem Rücken in die andere Hand.
- Vergrössert die Wurfdistanz.

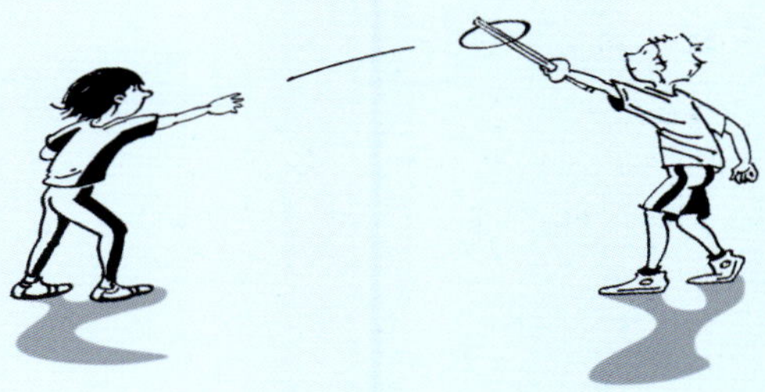

Ball-Kunststück

Zu zweit: Tragt mit zwei Stäben einen Ball und transportiert ihn ohne Hand-Berührung entlang einer Hallenstirnseite.

- Im Stand: Rollt den Ball auf den Stäben hin und her.
- Im Stand: Werft den Ball hoch und fangt ihn wieder auf. Verbessert euch, bis euch dies mehrmals hintereinander gelingt.
- Erfindet ein eigenes Kunststück mit Ball und Stäben und präsentiert es einer andern Gruppe oder der Lehrperson, sobald ihr es beherrscht.

Slalom

Zu zweit: Rollt mit eurem Stab in der Hand gemeinsam einen auf dem Boden liegenden Stab um die beiden Markierkegel.

- Wie viele Kontakte benötigt ihr, bis der Stab am Boden eine Acht um die Kegel gemacht hat? Könnt ihr euch im zweiten Versuch verbessern?
- Führt jetzt beide allein einen Stab um die Kegel und versucht einander einzuholen.

Material: Stäbe, Unihockeystöcke, etwa sechs Markierkegel, drei Volleybälle und drei Wurfringe.

Gleichgewichtsstellungen zu zweit

Wie geht Ihr vor, damit die ausgewählte Figur gelingt?
Wie schafft ihr es, die Stellung zu halten?
Wie wirkt die Figur vor Publikum besonders attraktiv?

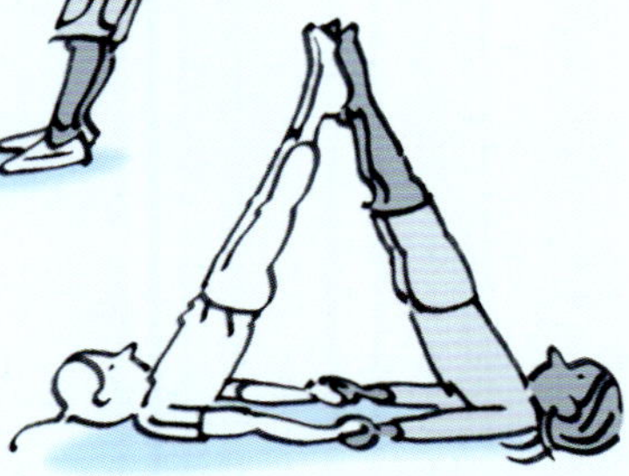

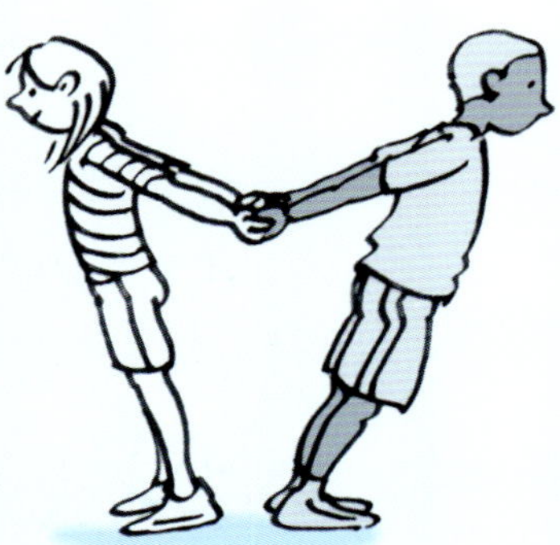

Beurteilungsbogen «Zirkusnummer zum Balancieren»

Vorgehen

- Eine Gruppe und die Lehrperson füllen nach der Präsentation ein Beurteilunsgblatt aus.
- Vor der Präsentation bespricht die beurteilende Gruppe, wer welches Kriterium speziell beobachtet.

Namen der Artistinnen und Artisten

____

ungenügend	genügend	gut	sehr gut	**Beurteilungskriterien**
				Ausstrahlung der Artistinnen und Artisten (Mimik, Gestik, Körpersprache)
				Bewegungsfluss und Sicherheit beim Präsentieren
				Choreografie (Auswahl und Schwierigkeit der gezeigten Elemente, Gestaltung im Raum, Originalität, evtl. Musikauswahl)
				Zusammenarbeit (Hilfestellungen bei schwierigen Balancierformen, Wirkung der kooperativen Gleichgewichtsstellungen)
				Gesamtbeurteilung

Begründung der Gesamtbeurteilung

____

____

Unterschriften der Beurteilerinnen und Beurteiler

____

Beurteilungsbogen «Zusammenarbeit in der Gruppe»

- Erfolge im Sportunterricht haben viel mit dem Lern- und Arbeitsverhalten zu tun.
- Schätze ein, wie gut in deiner Gruppe die Zusammenarbeit war. Markiere zu jeder Aussage ein Kreuz in der enstprechenden Spalte.
- Vergleiche dein Ergebnis mit dem der andern Gruppenmitglieder.

Name ____

Positiv	**1**	**2**	**3**	**4**	**Negativ**
A: Ich fühlte mich wohl in der Gruppe.					Ich fand es unangenehm, in dieser Gruppe zu arbeiten.
B: Wir haben ein sehr gutes Produkt erarbeitet.					Ich bin mit unserem Ergebnis nicht zufrieden.
C: Ich gab mein Bestes für ein gutes Resutat.					Ich strengte mich kaum an.
D: Alle gaben ihr Bestes.					Einige leisteten wenig.
E: Wir nutzten die Arbeitszeit optimal.					Wir sprachen immer wieder über andere Dinge und nutzten die Zeit schlecht.

Fünferlei

1. Lauft zwei Runden.
2. Kreishüpfen: Stellt euch voreinander, hebt das rechte Bein eures Partners oder eurer Partnerin an die Hüfte und hüpft zusammen einmal auf dem linken Bein im Kreis herum.
3. Lauft zwei Runden.
4. Kreishüpfen: Haltet das linke Bein der Partnerin oder des Partners und hüpft eine Runde im Kreis auf dem rechten Bein.
5. Lauft zwei Runden, stellt euch dann auf den Mittelkreis und macht dort Balance-Übungen auf einem Bein.

7 Literatur und Quellen

Baumberger, Jürg und Urs Müller. 2012. *Lehrmittel Sporterziehung. Band 4. 4.–6. Schuljahr.* Bern: BBL.

Baumberger, Jürg und Urs Müller. 2015. *Top-Spiele für den Sportunterricht. Band 3.* Horgen: bm-sportverlag.ch.

Baviera, Bruno. 2001. *Bewegen durch Bewegung.* Zürich: SynErg.

Black Bird. 2015. «Slack-Board.» http://www.blackbirdfun.com/dateien/Slack-Board%20 Folder%20.pdf.

Bundesamt für Sport (BASPO). 2011. *J+S-Kids. Praktische Beispiele.* Magglingen: BASPO.

Bundesamt für Sport (BASPO). 2011. «Partnerakrobatik. Monatsthema 03/2011.» http://www.mobilesport.ch/turnen/partnerakrobatik-kunststucke-mit-lebendigen-geraten/.

Bundesamt für Sport (BASPO). 2016. «Qualität im Sportunterricht (qims).» http://www.mobilesport.ch/wp-content/uploads/2013/08/L_C1_6.SJ_ABC_T1.pdf; http://www.mobilesport.ch/wp-content/uploads/2013/08/L_A1_6.SJ_A_T3.pdf; http://www.mobilesport.ch/wp-content/uploads/2013/08/L_A5_6.SJ_ABC_T2.pdf.

Deutschschweizer Erziehungsdirektoren-Konferenz (D-EDK). 2016. *Lehrplan 21 – Broschüre Bewegung und Sport.* Luzern: D-EDK Geschäftsstelle.

Ernst, Karl und Walter Bucher. 1997. *Lehrmittel Sporterziehung. Band 1. Grundlagen.* Bern: BBL.

Gummitwist Community Schweiz. 2015. «Gummitwist.» http://www.gummitwist.ch/gummitwist-figuren/kombinationen/.

Hegner, Jost. 2006. *Training fundiert erklärt. Handbuch der Trainingslehre.* Herzogenbuchsee: Ingold.

Hessisches Kultusministerium. 2010. *Projekt Schnecke – Bildung braucht Gesundheit.* Wiesbaden: Kultusministerium Schule & Gesundheit.

Kretschmer, Jürgen, Renate Baumann, Ursula Guse, Renate Matthiass und Ursula Steiner. 2009. *Sport in der Primarstufe. Handreichung für die Bewegungsfelder Körper und Geräte.* Schorndorf: Hofmann.

Lienert, Sonja, Judith Sägesser und Heidi Spiess. 2010. *bewegt und selbstsicher. Psychomotorik und Bewegungsförderung in der Eingangsstufe.* Bern: Schulverlag plus.

Müller, Urs und Jürg Baumberger. 2009. *Sportlektionen abrunden.* Horgen: bm-sportverlag.ch.

Müller, Urs und Jürg Baumberger. 2013. *Bewegungskünstler.* Horgen: bm-sportverlag.ch.

Müller, Urs und Jürg Baumberger. 2014. *Bewegungspausen.* Horgen: bm-sportverlag.ch.

Müller, Urs und Jürg Baumberger. 2015. *Aufwärmen.* Horgen: bm-sportverlag.ch.

Müller, Urs und Jürg Baumberger. 2016. *Ballkünstler.* Horgen: bm-sportverlag.ch.

Niedersächsischer Bildungsserver. 2015. «Balancieren auf stabilen und labilen Gerätearrangements.» http://www.nibis.ni.schule.de/~as-ver/fach/sport/entwurf/balancieren.pdf.

Röthig, Peter. 1977. *Sportwissenschaftliches Lexikon.* Schorndorf: Hofmann.

Sobota, Richard und Markus Hollauf. 2016. «Bewegungskompetenzen der 10–14-Jährigen (Gewandtheit, Balancieren) bzw. Training der koordinativen Fähigkeiten (Gleichgewicht).» http://www.clipcoach.at/.

Universität Basel. 2015. «Partnerakrobatik.» http://www.gymfacts.ch/custom/search/index.php?action=search.